तुम्हें अब लौट आना चाहिए

अभिषेक शुक्ल

सन्मति

Title : Tumhe Ab Laut Aana Chahiye
ISBN: 9789390539840
Author: Abhishek Shukla

प्रकाशक
सन्मति पब्लिशर्स
बी-347, संजय विहार,
मेरठ रोड, हापुड़-245101 (उ0प्र0)
Website : www.sanmatiindia.com
Email: sanmati555@gmail.com
प्रथम संस्करण : दिसंबर 2021
मूल्य : ₹ 110
Processed & Printed By: Tingle Books, Hapur

उन अनगिनत लोगों को,

जो अभी तक किसी अपने के लौट आने की प्रतीक्षा में हैं.....

प्रस्तावना

द्वंद्वात्मकता, वैचारिकता और संशय, उहापोह, विसंगति- विडंबना, स्मृति और विस्मृति, रंग और बदरंग, रूप और विरूप के अगणित असंख्य रंगों की पहचान एवं परख की कविता के एक सशक्त नये हस्ताक्षर का प्रस्तुत संग्रह पाठक का ध्यान बार-बार अपनी ओर खींचता है, उसको बिलंभने (थोड़ा रुकने) का ठौर देता है और बाद में पाठक कहता है, "यह बिल्कुल मेरी और मेरे मन की बात है।"

विज्ञान और अभियाँत्रिकी के होनहार विद्यार्थी रहे अभिषेक शुक्ल के पहले काव्य-संग्रह 'श्वेत पृष्ठ' से ही युवा कवि की काव्य-प्रतिभा, कथन की भंगिमा में कविता की अपार संभावनाओं की आश्वस्ति दी थी। प्रस्तुत संग्रह में अभिषेक शुक्ल अपनी जड़-जमीन, गांव-गिराव और संस्कृति से जुड़ाव के साथ परिवेश के नित्य नये बदलाओं से जूझते हुए अपनी काव्य यात्रा के दूसरे सोपान पर कविता के नए क्षितिज पर गवाक्ष खोजते व खोलते नजर आते हैं।

युवा मन की अतल गहराईयों 'आओ लौट चलें' का आह्वान गीत है। इसलिए मुझे विश्वास है कि अभिषेक के इस दूसरे कविता संग्रह का, पहले संग्रह की तरह ही, हिन्दी जगत स्वागत करेगा। इस कविताओं में अनुभूति की सांद्रता और संवेदना की अतल गहराई है। इसमें लुप्त होते चिट्ठियों के प्रचलन के दौर में चिट्ठियों का इंतज़ार बहुत आशान्वित करता है।

- डॉ प्रभाकर मिश्र

निदेशक,

रत्नाकर शोध पीठ

डॉ. राम मनोहर लोहिया अवध विश्वविद्यालय

अयोध्या (उ.प्र)

कविताओं से पहले

'तुम्हें अब लौट आना चाहिए' के रूप में यह मेरा दूसरा कविता संग्रह है। इसमें लिखी बातों को मैं कविता कम और स्वयं से संवाद ज्यादा मानता हूँ। इसमें कुछ झूठ नहीं लिखा गया है। यह मेरा काल्पनिक यथार्थ है, जो मेरे वास्तविक यथार्थ से बहुत ज्यादा सुंदर, स्वस्थ और सरल है। ये सब ऐसी कल्पनाएँ हैं जिन्हें मैं यथार्थ मानता हूँ।

कविताएँ लिखते समय, लिखने वाला अपने अंदर एक ऐसी दुनिया की कल्पना करता है जिस दुनिया में वह वास्तव में जाना चाहता है। एक पाठक जब उन कविताओं को पढ़ते हुए लेखक की बनाई उसी काल्पनिक दुनिया में चला जाता है, तब वह कविता, उसे लिखने वाला लेखक और उसकी बनायी दुनिया तीनों सार्थक हो जाते हैं, प्रासंगिक हो जाते हैं।

कविताएँ सीधा आत्मा से संवाद करती हैं। मैं आत्मा से संवाद की अवस्था को शब्दों में रूपायित करना चाहता हूँ इसलिए कच्ची-पक्की, सही-गलत, उबड़-खाबड़ कविताएँ लिखता रहता हूँ।

दुनिया का हर एक व्यक्ति एक काव्य संग्रह है जिसमें वात्सल्य, प्रेम, घृणा, पश्चाताप, पीड़ा, आँसू, हार, अवहेलना, वियोग, संयोग आदि की हजारों कविताएँ शामिल हैं। अथाह भीड़ और प्रतिस्पर्धा के इस भीषण महासमर में समय का ऐसा अकाल पड़ा है कि दुनिया का कोई भी व्यक्ति अपने अंदर घुट रही तमाम कविताओं तक नहीं पहुँच पाता। 'तुम्हें अब लौट आना चाहिए' दुनिया के सभी व्यक्तियों को उनकी अपनी पीड़ा, अपनी हार, अपनी अवहेलना, अपने प्रेम आदि से मिलाने का एक बहुत छोटा सा प्रयास है। निश्चित ही बीते दिनों की अवहेलना हमें निराश कर सकती है लेकिन उस उपेक्षा में हमें आगे धकेलने की अनंत ऊर्जा भी निहित होती है।

मेले से गुजरते हुए हम न चाहते हुए भी बचपन में लौट जाते हैं। एक प्रेमी जोड़े को देखकर हम अनायास ही अपने प्रेम के दिनों में चले

जाते हैं। ऐसी ही न जाने कितनी स्थितियाँ हैं जिनके सामने आते ही हम अपने बीते दिनों में कहीं न कहीं खो जाते हैं। मुझे पूरा विश्वास है 'तुम्हें अब लौट आना चाहिए' पढ़ते हुए, आप जीवन के हर उस क्षण में लौट पाएँगे जिनमें आप लौटना तो रोज चाहते हैं लेकिन कभी लौट नहीं पाते।

इन कविताओं को लेकर मेरा कोई दावा नहीं है न कोई नयी परिभाषा ही कविताओं को देना वांछित है। यह काम विद्वान आचार्यों और आलोचकों का है। वे अपना काम करते रहते हैं, इसलिए कैसे कहूँ कि ये मेरे परिपूर्ण क्षणों की वाणी है या नादमय चित्र या कि मेरे जीवन के संचित पुण्य का फल है। ये मेरे मन के स्वतः प्रस्फुटित भाव प्रसून हैं जिनमें आप शामिल हैं, भले ही अदीठ हों। अतएव 'त्वदीयं' और 'तुभ्यं' भाव से आपको अर्पित है।

इस संग्रह में बार-बार आए पेड़ों, पहाड़ों, नदियों, शहरों, सागरों, चिड़ियों, चिट्ठियों और अनगिनत लोगों को मैं धन्यवाद कहकर उनके ऋण से नहीं उबरना चाहता। मुझसे ज्यादा यह किताब इन सबकी ही है।

सन्मति पब्लिशर्स के निशांत जैन भैया का भी मैं धन्यवाद कहूँगा, जिन्होंने इन कविताओं को किताब में बदलने की जिम्मेदारी निभाई।

मुझे चिट्ठियाँ बहुत पसंद हैं। इस संग्रह को पढ़ने के बाद, आप मुझे एक चिट्ठी जरूर लिखिएगा। बताइएगा कि मुझे अभी किधर और कितना चलना है? इसी के साथ बताइएगा कि कितना गिरना और कितना जलना अभी बाकी है?

आपकी चिट्ठियों के इंतजार में.....

- अभिषेक

बस्ती

स्वतंत्रता दिवस, 2021

अनुक्रमणिका

इक ख़त मुझको लिख देना

जब खत्म हो जाएँ
दुनिया की सब किताबें,
जब विश्राम कर रही हों सब कविताएँ,
जब निद्रा में हों सब कहानियाँ,
तब चुपके से उठकर
धीरे-धीरे आकर
तुम पढ़ना मेरी इन कच्ची पक्की बातों को,

इनमें बहुत खामियाँ हैं
ये नहीं खड़ी होती कविताओं में,
इनकी अपनी दुनिया है,
तुम बस पढ़ लेना
और दबा देना
उन सभी किताबों के नीचे
जो तुमने पढ़ रखी हैं,

और अगर इनको पढ़ने से
तुम खुद से मिल पाना
तो इक ख़त मुझको लिख देना।

मैंने झूठ बोला था

मैंने झूठ बोला था
कि मैं वापस नहीं जाऊँगा उस शहर
जहाँ मैं असफल हो गया था
प्रेम के पहले ही प्रयास में,

झूठ बोला था
कि अब नहीं लिखूंगा
किसी भी अपरिचित आदमी को
कोई भी चिट्ठी,

झूठ बोला था
कि हर शाम, सूरज ढलने के बाद
मुझे नहीं घेरती
किसी अपने की पुरानी यादें,

यह भी झूठ बोला था
कि हर बार शहर बदलते हुए
मैं उठा लाता हूँ
उस शहर में बिखरी मेरी हर एक चीज,

और यह भी मैंने झूठ ही कहा था
कि मेरे अंदर मर चुकी हैं भावनाएँ
और मुझे नहीं प्रभावित करते
मेरे जीवन में आने और जाने वाले लोग,

हर बार ये कहते हुए
कि मैं ठीक हूँ,
मैंने झूठ बोला था।

भूगोल और कविता

यूराल पर्वत बाँट देता है
रूस को दो अलग अलग हिस्सों में,
भूमध्य सागर, अफ्रीका को
यूरोप से अलग कर देता है...

भूगोल के ऐसे तमाम तथ्यों को पढ़ते हुए
मुझे ख्याल आया कि,
एक छोटी सी झील से निकलती है
विश्व की सबसे लम्बी नदी
और बिना भेदभाव सींचती है
युगाण्डा, सुडान और मिस्र की
तपती हुई भूमि को,

तीन अलग-अलग देशों में बहने वाली
तीन अलग-अलग नदियाँ
सिंधु, गंगा और ब्रह्मपुत्र
निकलती हैं एक ही पहाड़ से,

दुनियाभर के सभी देशों की जहाजों को
हिन्द, प्रशान्त और अटलांटिक महासागर
एक समान रूप से
तैर जाने देते हैं,

ब्राज़ील में स्थित
अमेज़ॉन के जंगल से चली हवा

कोलंबिया, पेरू, वेनेजुएला और अन्य देशों में
समान रूप से बहती है,

भूमध्य सागर से उठी वाष्प
इराक, ईरान के रास्ते से आकर
टकरा जाती है हिमालय से
और बरस जाती है भारत में...

ऐसे न जाने कितने उदाहरण हैं
जो खंडित करते हैं
भूगोल के उन तमाम तथ्यों को
जो बताते हैं कि
नदी, पहाड़, सागर और जंगल
बाँट देते हैं देशों, द्वीपों और महाद्वीपों को।

थोड़ा और समय

जिंदगी में
"थोड़ा और समय"
कितना आवश्यक होता है न?
वही "थोड़ा और समय"
जिसके कारण छूट जाती है
हमारी ट्रेन,
हम नहीं कह पाते
एक सबसे जरूरी बात
सबसे जरूरी इंसान से,
नहीं मिल पाते स्टेशन पर
किसी अपने से
और चल देती है ट्रेन,
नहीं खोल पाते अपनी छतरी
और भीग जाते हैं बारिश में

और वही "थोड़ा और समय"
जिसके कारण
अक्सर परीक्षा में छूट जाता है
एक आखिरी सवाल;

सच में!
"थोड़ा और समय" मिलता
तो शायद हम, वह सब कुछ कर लेते
जिसको न कर पाने का दुःख
हम लेकर चलते रहते हैं।

एक शाम

एक शाम
दुनिया से थककर
मैं बैठ जाऊँगा नदी के किसी किनारे पर,
भूल जाऊँगा
कि बाकी रह गया है दफ्तर का
कोई सबसे जरूरी काम,
मूँद लूँगा अपनी आँख
और नहीं देखूँगा
हताशा के भीषण अंधकार को,
पत्थर कर लूँगा अपने हृदय को
और नहीं बैठने दूँगा
हर रोज बिन बुलाए आने वाले दुःखों को,
बन्द कर लूँगा अपने कान
और नहीं सुनूँगा
मेरी ओर आती किसी भी आवाज को...

उस शाम मैं भूल जाऊँगा
कि, मैं लिख सकता हूँ कोई कविता,
मैं रख दूँगा अपना चेहरा
बहते हुए पानी की सतह पर
महसूस करूँगा
नदी के अंदर की सब दशाओं को
और...

अच्छा रुको!
दफ्तर के जरूरी काम,

हताशा के अंधकार,
हर रोज बिना बुलाए आने वाले दुःखों
और मेरी ओर आती आवाजें
ये सब मुझे बुला रहे हैं
मैं सुनकर आता हूँ।

मैं निराश नहीं हूँ

नहीं, मैं निराश नहीं हूँ;
मैंने एक उदास सुबह का
ठीक वैसे ही स्वागत किया
जैसे एक चिड़िया
चहचहाते हुए बुलाती है सुबह को,

एक थके हुए दिन को
मैंने वैसे ही जिया
जैसे एक नदी
बिना रुके भागती है सागरों की ओर,

एक निराश शाम को
मैंने ठीक वैसे ही गले लगाया
जैसे एक लंबी अवधि के बाद
आलिंगन करता है एक प्रेमी जोड़ा,

और एक रोती हुई रात को
मैंने वैसे ही चुप कराया
जैसे बारिश की बूँदें
शांत कराती हैं धरती की तपन;

नहीं,
तुम मेरे चेहरे पर पड़ी झाईंया मत देखो
मत देखो माथे की शिकन को
पथराई आँखों को तो देखो ही मत,
मैं थका हुआ हूँ, मगर
निराश नहीं हूँ;
हाँ, मैं निराश नहीं हूँ।

औरत, पल्लू और पसीना

सुबह-सुबह सड़क पर
निकलती है एक औरत
उठाती है अपना पल्लू
और पोंछ लेती है
माथे और गले का पसीना,
वह तेज़ कदमों से
पहुँचती है एक घर में
बजाती है दरवाज़े पर लगी घण्टी,
एक नाराज़ चेहरा दरवाज़ा खोलता है
वह चेहरा उससे कुछ कहता है
वह औरत सिर झुकाए अंदर चली जाती है,
कुछ देर की खटर पटर के बाद
वह औरत बाहर निकलती है
उठाती है अपना पल्लू
और पोंछ लेती है
माथे और गले का पसीना,
वह नाराज़ चेहरा
बन्द कर लेता है दरवाज़ा,
वह औरत फ़िर तेज़ तेज़ क़दमों से
पहुँचती है दूसरे घर में
बजाती है घण्टी,

फ़िर वही नाराज़ चेहरा
वही खटर पटर
वही पसीना।

प्रिय कबूतर

पुराने पते पर
अब कोई नहीं रहता,
शायद एक कबूतर है
जिसने अभी-अभी बनाया है
अपना घोंसला,
अब वहाँ कोई नहीं मिलेगा
घर की नेमप्लेट काली पड़ चुकी होगी,
आंगन के पेड़ ने गिरा दी होंगी
सभी पुरानी पत्तियाँ,
डोरबेल ने भी
बंद कर दिया होगा काम करना,

अब मैं नहीं पढ़ पाऊँगा
उस पते पर आया
कोई भी ख़त,
मगर एक विनती है तुमसे
जब भी तुम ख़त लिखना
तो मुझको मत संबोधित करना
बस तुम इतना लिख देना

'प्रिय कबूतर'।

कसक

जो शहर
हम छोड़ देते हैं
एक निश्चित समयावधि के बाद
वो शहर हम में
ताउम्र रहता है,

जो शख़्स
हमसे छूट जाता है
कहीं भीड़ भरे मेले में
उसी शख़्स का हाथ
ताउम्र हम महसूस करते हैं
अपने हाथों में,

जिस जगह
हम जाना चाहते हैं
और नहीं जा पाते
अपनी लाख कोशिशों के बाद भी
उसी जगह का ज़िक्र होता है
रह रहकर हमारे सामने,

और जिस शाम
कोई आने वाला होता है
हमसे मिलने
शहर की सबसे कम भीड़ वाली जगह
उस दिन शाम होती ही नहीं
बस रात हो जाती है।

आदमी और भीड़

(1)
हर आदमी होता है
एक ऐसी भीड़ का हिस्सा
जो उसे
एहसास दिलाती है
हरपल
उसके अकेले होने का।

(2)
भीड़ में चलता हुआ
हर आदमी
अकेला होता है।

(3)
शहर की सबसे भीड़भाड़ वाली जगह
होती है सबसे ख़ाली,
वहाँ लोग होते हैं,
उनके अंदर कुछ नहीं होता,
ख़ालीपन होता है
जो भरा हुआ होता है;

सबके अंदर भरा हुआ ख़ालीपन
भीड़ बना देता है,
मतलब भीड़ में कुछ नहीं होता
बस लोगों का ख़ालीपन होता है।

(4)

एक भीड़ भरे शहर में
उसी भीड़ के बीच
चलता है एक आदमी
एक थैले में भरकर
ऑफिस की कुछ फ़ाइलें
लंच का डिब्बा
तमाम सपने
और वह छोटा सा कागज़ का टुकड़ा
जिसमें लिखी हैं
उसके बच्चे की खुशियाँ,
वह आदमी उम्रभर
उस भीड़ का हिस्सा रहता है
दुर्भाग्यपूर्ण यह है कि
भीड़
कभी उस आदमी का हिस्सा नहीं बन पाती।

अपने पुराने पते पर

एक रोज मैं जाऊँगा
अपने पुराने पते पर
ठीक वैसे, जैसे मैं वहाँ गया था
सबसे पहली बार;

वही पता जिसके मेन गेट के बगल में बना था
एक छोटे से बक्सेनुमा कुछ
जहाँ आए दिन डाकिया डाल जाता
मेरे लिए कुछ अपरिचित चिट्ठियाँ
और मैं उन्हें पढ़ता था
ठीक वैसे जैसे दीमक पढ़ लेते हैं
किताबों को;

न जाने अब वहाँ कौन रहता होगा,
घर की नेमप्लेट बदल चुकी होगी,
शायद दरवाज़े के बगल रखा गमला भी हट गया होगा,
उसमें लगा गुलाब तो निश्चित ही सूख गया होगा
मैं वहाँ पहुँचूंगा
चुपके से जाऊँगा उसी छोटे बक्सेनुमा डिब्बे के पास,
आहिस्ता से खोलूँगा उसे
वहाँ चिट्ठियाँ नहीं मिलेंगी
फिर सहसा उसी डिब्बे में
मैं पाऊँगा किसी चिड़ियाँ का घोंसला
जिसमें रखे होंगे चार अंडे;

फिर मैं भूल जाऊँगा उन चिट्ठियों के बारे में
जो मुझे अब कोई नहीं लिखता
और करूँगा कल्पना
चिड़िया के उन्हीं चार अंडों के जीवन की।

सबसे खूबसूरत प्रेम कविताएँ

संसार की सबसे खूबसूरत प्रेम कविताएँ
लिख सकते थे
वे कबूतर
जो ले जाते थे चिट्ठियाँ,
चिट्ठियों के साथ
वे ले जाते थे
तड़प, बेचैनी, प्रेम
पीड़ा और प्रतीक्षा भी,
वे देखते थे
तपती हुई भूमि पर
बारिश का होना
और महसूस करते थे
वही सौंधी सुगंध,
वे देखते थे
प्रेम-पत्र लिखने की अधीरता
और महसूस करते थे
पत्र प्राप्त होने का सुख,
बहती हुई आँखों को भी देखा है उन्होंने
इसीलिए,
वे कबूतर ही लिख सकते हैं
सबसे खूबसूरत प्रेम कविताएँ।

जाना पहचाना चेहरा

पेड़ अनायास गिरा देते हैं
अपनी एक दो पत्तियाँ
हमारे सामने,
आसमान न जाने क्यों
बना देता है
एक जाना पहचाना चेहरा
सफ़ेद बादलों से,
नदियाँ ठहर जाती हैं
एक पल को
जब हम उतरते हैं
उनके भीतर,
हवाएँ छूने लगती हैं
चेहरे को
जब बढ़ जाती है
हमारी अधीरता;
ये पेड़, बादल, नदियाँ, हवाएँ
हम इंसानों के कितने क़रीब हैं न?

भाषा

भाषा को
नहीं होना चाहिए
तीज़ त्योहारों जैसा
जिसे एक दिन मनाया जाए,
भाषा को होना चाहिए
उसी ख़ुशी जैसा
जो हर शाम
माँ महसूस करती है
पिताजी के काम से घर लौट आने पर।

लोकतंत्र को मर जाना चाहिए

जिस लोकतंत्र में
नहीं लिखी जा जाती
एक ग़रीब की रिपोर्ट
और उसे दौड़ना पड़ता है
यहाँ वहाँ,
एक प्रभावशाली आदमी
कब्ज़ा कर लेता है
एक कमज़ोर के खेत पर,
एक किसान कर्ज के चलते
लगा लेता है फाँसी,
न्याय के लिए करना पड़ता है
लोगों को आत्मदाह
किसी अदालत, विधानसभा
या संसद के बाहर,
और जिस लोकतंत्र में नहीं है
आम आदमी की कोई सुनवाई,
उस लोकतंत्र को
डूबकर मर जाना चाहिए।

ए मेरे गुज़रे हुए कल

ए मेरे गुज़रे हुए कल
तुम सुनाना आज को
अपनी कहानी
और बताना हाल अपना,

किस तरह से तुम उठे थे
जब गिरे थे राह में
किस तरह तुमने जलाया था
स्वयं को रात में,
किस तरह तुम सह गए थे
राह की सब ठोकरों को
किस तरह तुमने लगाई
नाव अपनी साहिलों पर,

तुम बताना दर्द अपना
और दिखाना ज़ख़्म सारे
आज को तुम थाम लेना
और पकड़ना हाथ उसका
फिर जरा नीचे गिराना
और उसे मजबूत करना,
तुम उसे यह भी बताना
राह में एक भीड़ होगी
खो न देना तुम स्वयं को
उस चमकती रौशनी में

ए मेरे गुजरे हुए कल
तुम उसे सबकुछ बताना
और बताना सामने है
इक सुनहरा कल तुम्हारे

तुम उसे यह मंत्र देना
हारना तुमको नहीं है
तुम उसे साहस भी देना
और कहना चल अकेले
तुम सुनाना हार की
सारी कहानी आज को
तुम बताना राह में
काला घना तम भी मिलेगा,

फिर बताना जीत का तुम
आख़िरी इक मंत्र उसको
मत ठहरना राह में
ठोकर मिले, कोहरा मिले
मत उलझना तुम कहीं
दुनिया की मीठी बात में,

ए मेरे गुज़रे हुए कल
तुम उसे साहस भी देना
और कहना तुम सुनाना
कल को अपने यह कहानी।

प्रेम के सबसे पवित्र स्वरूप

चिड़िया
हवा पर
कभीं नहीं लगती इल्ज़ाम
उसके घोसले को, उजाड़ जाने का,

नदियाँ
कभी सागरों से नहीं पूछती
उसके खारे होने की वजह
और मिल जाती हैं उनसे,

पेड़
गिरती हुई पत्तियों से
कभी नहीं पूछते
ख़ुद से अलग होने का कारण,

ख़त
कभी नहीं जानना चाहते
कि वे क्यों भेजे गए
एक अनजान पते पर,

किताबें
कभी सवाल नहीं उठातीं
कि क्यों रख दिया गया उन्हें वापस
बस कुछ पन्ने पलटकर ही,

और कलम
कभी जिक्र नहीं करती
अपनी ख़त्म होती स्याही के बारे में
और लिखती है आखिरी बूँद तक,

शामिल किया जाना चाहिए इन सबको भी
प्रेम के सबसे पवित्र स्वरूपों में।

दुनिया कितनी खराब है

(1)
हमने छोड़ दिया
उन लोगों को
जिन्हें करते थे हम प्रेम,
उन शहरों को
जो हमें अच्छे लगते थे,
उस रेलगाड़ी को
जिससे हमें जाना था,
उन तमाम मानवीय गुणों को
जो हमें इंसान बनाते थे,
उन सभी संवेदना को,
जो हमें प्रेम सिखाती थीं,
उन सभी आवाजों को
जो हमें रह-रहकर बुलाती थीं,
उन सभी स्मृतियों को
जो हमें हमारे कल से जोड़ती थीं,
उन सभी परंपराओं को
जो हमें परिभाषित करती थीं,
उन सभी पतों को
जहाँ आते थे हमारे लिए अनगिनत ख़त,
और उन सभी रास्तों को
जो ले जाते थे हमें हमारी मंजिल की ओर,

और जाते-जाते हमने कहा
"दुनिया कितनी खराब है"।

(2)

कभी-कभी मैं सोचता हूँ
कि दुनिया कितनी ख़राब है
यह सोचते हुए
सहसा मेरी नज़र
कमरे के एक कोने पर लगे शीशे पर चली जाती है
उसके बाद
मैं लाख कोशिशों के बाद भी
वह नहीं कह पाता
जो मैंने अभी-अभी कहा।

रेत की सार्थकता

नदी के किनारे एक शिला पर बैठे हुए मैंने देखा
एक पाँच-छः साल का बच्चा
उसके इशारों से साफ जान पड़ता था
वह मांग रहा था
आते जाते मुसाफिरों से
खाने की चीजें,
कुछ देर बाद वह थककर
निराश होकर बैठ गया रेत पर
और मुट्ठी में रेत भरकर गिराने लगा,
उसके चेहरे पर मुस्कान लौट आयी
निश्चित ही रेत ने उसका पेट भर दिया होगा;

सच बताऊँ तो पहली बार मैंने जाना
नदियों द्वारा लायी गयी रेत की सार्थकता,
वो पेट भी भर सकती हैं।

मैंने कुछ नहीं लिखा

नदी के किनारे बैठे हुए
मैं कितना कुछ सोच सकता था
कितना कुछ लिख सकता था;

मैं लिख सकता था
उसके भीतर उमड़ रही अस्थिरता को,
किनारे पर आती छोटी-छोटी लहरों को,
बहते हुए पानी के शोर को,
उसकी गहराई में छुपे मौन को,
उसमें तैरते हुए लाल रंग के कपड़े की
गुमनाम कहानी को
और न जाने क्या-क्या?

लेकिन मैंने कुछ नहीं लिखा।

दुःखों के दिनों में

दुःखों के दिनों में
हम नहीं तलाशते उनका निदान,
हम तलाशते हैं लोग
जो बाँट सकें दुःख
और दे सकें, एक छोटी सी उम्मीद
और कह सकें कि बीत जाएगा यह दिन,

दुःखद!
हमें कोई नहीं मिलता
अपूर्ण रह जाती है
हमारी खोज,

असल में दुःखों का दुःख कम होता है
दुःखों को न बाँट पाने का दुःख
बहुत अधिक।

नदियाँ अकेले नहीं बहतीं

नदियाँ अकेले कभी नहीं बहतीं
उनके साथ बहती है मिट्टी,
आस्था, उम्मीद,
पहाड़ भी अक्सर
उनके साथ बह जाया करते हैं;

इन सबके साथ
नदियों में बहते हैं घर
सपने और लोग भी;

कोई भी अकेले नहीं बहता
सब, कुछ न कुछ लेकर ही बहते हैं
जैसे
जब बहता है आँसू
तब उसके साथ बह जाता है
थोड़ा सा दुःख।

मनुष्य होने से पहले

मनुष्य को मनुष्य होने से पहले
होना था पहाड़
जिससे वह धारण कर पाता
सबकुछ सह लेने का साहस,
उसे होना था समंदर
ताक़ि वह जान सके कि
गहराई क्या होती है?
उसको होना था रेगिस्तान
जिससे वह तप सकता
और उगा सकता
नागफ़नी के पौधों को,
उसको चिड़िया भी होना था
ताक़ि वह गिरकर भी
अनंत आकाश में कहीं उड़ जाए,
उसे वृक्ष भी होना था
जिससे वह दे सकता
अनगिनत पक्षियों को नया नीड़,

मनुष्य को मनुष्य होने से पहले
कितना कुछ होना था।

उदासी का कारण

एक उदास बैठे आदमी से मैंने पूछा
उसकी उदासी का कारण,
पहले वह चुप रहा,
फ़िर रो पड़ा,

उसने बतलाया,
"जीवनभर की सब बातों को,"

मैं नहीं जानता था उसको
मैंने उसका नाम नहीं पूछा
अपना भी नहीं बतलाया,
हाँ इतना पूछा कि अब कैसे हो?

पहले वह चुप रहा
फिर हँस पड़ा...

मैं स्वीकार करूँ तो
पहली बार मुझे अभिमान हुआ
कि मैं बोल सकता हूँ
और पूछ सकता हूँ
किसी से उसकी उदासी का कारण।

बचे हुए गुब्बारे

नदी के किनारे बने घाट पर
बैठा है एक सात-आठ साल का लड़का
हाथ में लाल, नीले, हरे, पीले गुब्बारे
और होठों पर एक निश्चल मुस्कान लिए,
वह हर गुजरने वाले की तरफ
बढ़ा देता है एक गुब्बारा
और वही निश्चल मुस्कान,
उनके गुजरने के बाद
वह गुब्बारा पीछे खींच लेता है
मगर मुस्कान नहीं,
मुस्कान चली जाती है
गुब्बारा ना लेने वालों के साथ,

दिन के कैनवास पर धूप अभी बाकी है,
उसके गुब्बारे भी बचे हैं
और मुस्कान भी;

कुछ देर बाद कैनवास से
धूप उतर जाएगी
उसकी मुस्कान भी,
बस बचे रह जाएँगे तो वही गुब्बारे।

यदि कविताएँ

यदि कविताएँ नहीं करती मज़बूत
जनपक्ष धरता की जवाबदेही को,
यदि वे नहीं रखती
वैचारिक स्मृतियों से लगाव,
यदि ये नहीं उतरती
यथार्थवाद के निकष पर,
यदि उनमें नहीं है
एक नया सौंदर्य बोध,
यदि वे नहीं कह पातीं
अमर स्मृतियों की बातें,
यदि वे नहीं पहुँच पातीं
आत्मा के सूक्ष्मतम हिस्से तक,
यदि वे नहीं खोल पातीं
मानव मूल्यों के दरवाज़ों को,
यदि वे नहीं लेतीं जोख़िम
अराजक स्तिथियों को बदलने का,
और यदि उनमें नहीं झलकता
हृदय का सबसे सरलतम भाव,
तो ऐसी सभी कविताएँ
खोखली हैं।

तुम्हें अब लौट आना चाहिए

जिस तरह शाम को
दिन भर की यात्रा के बाद
थका हुआ सूरज
लौट जाता है पहाड़ों के पीछे,
पूरा आकाश नापने के बाद
चिड़िया लौट जाती है
अपने घोंसले में,
अच्छी फसल की उम्मीद लिए
थके हारे किसान बैलों के साथ
लौट जाते हैं अपने दरवाजे पर,
ग़ुबार छोड़ते और
घंटियाँ बजाते हुए जानवर
लौट जाते हैं अपने बाड़े में,
तमाम भूली बिसरी यादें
घर करने लगती हैं मन में,
और सुबह काम पर गए सभी लोग
शाम को लौट आते हैं
अपने-अपने घरों में

ठीक इन सबके जैसे ही
तुम्हें अब लौट आना चाहिए।

कविता की गवाही

कविताएँ
इकलौती गवाह होती हैं
समय की
और समय की त्रासदियों की,
कविताएँ
देखती हैं नवजात शिशु को
बेहद क़रीब से
और मनाती हैं उत्सव,
साथ ही साथ
कविताएँ
साक्षी होती हैं
शमशान में बची राख की,
जन्म से मृत्यु के बीच की सब त्रासदियाँ
कविताएँ ग़ौर से देखती हैं
और देती हैं उनकी गवाही
एक, दो या कई सदियों बाद तलक।

सबसे मजबूत टहनी

जब कोई किसान
गुहार लगाता है
और मदद मांगता है
अपनी डूब गयी
या सूख गयी फसल के लिए,
जब वह गुहार लगाता है
और मांगता है
अपनी फसलों का एक उचित दाम,
और जब वह गुहार लगाता है
अच्छे बीज़
व खाद के लिए;
तब हमारी व्यवस्था
उसे एक रस्सी दे देती है
और इशारा कर देती है
किसी पेड़ की
सबसे मजबूत टहनी की ओर।

मुझे तुमसे प्रेम है

मैंने उससे कहा
"सुनो!
मुझे तुमसे प्रेम है..."

उसने मुझे अनसुना कर दिया
और बेचैन भी,
कुछ देर ठहरकर मैंने फिर कहा
"तुमने सुना नहीं क्या?
मैंने कहा मुझे तुमसे प्रेम है"

"मैं तुमसे प्रेम नहीं कर सकती"
वह मुस्कुरायी और चली गयी,

उस दिन मैंने जाना
"प्रेम न करना" और "प्रेम न कर पाना"
दोनों कितनी अलग बात है।

कल्पना में प्रेम

मैंने कल्पना की थी,
मेरे जीवन में जब प्रेम आएगा
तब वह आकर वैसे ही ठहर जाएगा
जैसे आँखें ठहर जाती हैं उसी रास्ते पर
जिस पर चलते हुए दूर चला गया था कोई अपना,
जैसे रेलगाड़ी धीरे-धीरे करके ठहर जाती स्टेशन पर,
जैसे तितलियाँ आती हैं और ठहर जाती हैं फूलों पर,

मेरे जीवन में प्रेम आया
मेरी कल्पना के ठीक अनुरूप,
दुःखद! मेरी कल्पना में नहीं शामिल हो पाया था यह यथार्थ
कि देर तक रास्ते को देखते-देखते पथरा जाती हैं आँखें,
कुछ देर ठहरने के बाद
रेलगाड़ी चल देती है दूसरे स्टेशन की ओर,
और तितलियाँ जब भी बैठती हैं फूलों पर
तब चुरा ले जाती हैं उसकी थोड़ी सी मिठास।

लौटना

(1)
खेत से घर लौटता किसान
बटोर लाता है मिट्टी के साथ-साथ
अनगिनत खुशियाँ,

घोंसले में लौटती चिड़िया
भर लाती है अपने पँखों में
पूरा-पूरा आकाश,

लौटता हुआ बसंत
ले आता है पेड़ों की झड़ चुकी पत्तियाँ और
सूख चुके फूलों में नयापन,

शाम को घर लौटता हुआ आदमी
साथ में लिए आता है
टॉफी और सब्जी के रूप में घर की खुशियाँ,

देर सबेर घर लौटने पर
माँ हमारा सर झुकाकर
चूम लेती है माथा,

अगर मैं सच कहूँ तो
लौटना,
दुनिया की सबसे सुखद क्रिया है।

(2)

सिवान गयी स्त्रियाँ
लौट आना चाहती हैं आंगन में
भोर होने से पहले,

सूरज सर पर चढ़ने से पहले
किसान लौट आना चाहते हैं
अपने दरवाज़े पर,

सूरज डूबने से पहले
चिड़िया लौट आना चाहती है
अपने घोंसले में,

काम पर गए लोग
रात होने से पहले
लौट आना चाहते हैं घर को,

हर कोई लौटने के लिए कितना आतुर है,
दुःखद,
हर कोई लौट नहीं पाता।

(3)

कितना अच्छा लगता है जब
चिड़िया लौटती है अपने घोंसले में,
किसान लौटता है अपने घर को,
पतंग लौट आती है फिर से उछल रहे बच्चे के पास,
तितली लौट आती है फूलों पर,

बिछड़े हुए लोग लौट आते हैं वापस,
किसी को लौटते हुए देखना कितना सुखद है...

दुःखद है कि
हर कोई नहीं लौट पाता।

(4)
सब यात्राएँ सुखद होती हैं
एक निश्चित समयावधि के लिए,
उस निश्चित समयावधि के बाद
कष्टकारी हो जाती हैं सभी यात्राएँ
और हम ढूँढने लगते हैं एक पड़ाव
या लौटने लगते हैं शहरों, गाँवों और घरों की ओर;

वह निश्चित समयावधि शाम है,
शाम होते-होते सब उकता जाते हैं
और लौट आते हैं अपने-अपने घरों को,
चिड़ियाँ थककर लौट आती हैं अपने घोंसले में,
सूरज भी उकताकर बटोर लेता है अपनी किरणें
और चला जाता है कहीं
ब्रह्मांड के अनंत विस्तार में;

लेकिन फिर भी
कुछ लोग रह जाते हैं
उन्हीं कष्टकारी यात्राओं में
और कभी नहीं लौट पाते
अपने शहर, गाँव या घर को।

मजदूर माएँ

सड़क पर तेज़ रफ़्तार से गुजरते हुए
मैंने महसूस किया
कि सड़के कितनी सुंदर
और समतल बनी हैं,

सहसा मैंने देखा एक बड़े से ट्रक को
जिसपर लिखा था 'माँ का आशीर्वाद'
उसी ट्रक में खचाखच भरे हुए थे
किसी बड़े से पहाड़ के अनगिनत छोटे-छोटे टुकड़े,

उन्हीं टुकड़ों पर टिकी हुई है
यह सुंदर और समतल सड़क;

ट्रक के आगे मैंने देखा
आठ-दस औरतों का एक झुंड
जिनके हाथ में थे
पत्थर उतारने वाले औजार,

उसी झुंड में है एक मजदूर माँ
जो सड़क के किनारे
अपने आठ-नौ महीने के बच्चे को
दूध पिला रही है;

आते जाते वाहनों और लोगों से
एकदम अनभिज्ञ

थकी हुई मुस्कान के साथ
वह सहला रही है बच्चे का सिर;

उसे धूप से बचाने के लिए
मजदूर माँ ने उसे ढंक रखा है अपने आँचल से
धूप पीता बच्चा खेल रहा है
उसके छोटे-छोटे पैर बाहर लटक रहे हैं;

कुछ देर बाद ठेकेदार चिल्लाएगा
मजदूर माँ बच्चे को सड़क के किनारे
किसी पेड़ की छाँव में सुला देगी
और उठा लेगी पत्थर उतारने का औजार;

फिर कुछ देर बाद बच्चा रोने लगेगा
और उसके कुछ देर बाद
ठेकेदार फिर चिल्लाएगा।

कहाँ गए वे लोग

कहाँ गए वे लोग
जो लौटकर आने वाले थे
शाम ढलने के ठीक पहले,
जो गए थे देश के बाहर
महज साल-दो साल के लिए,
जो रखते थे चिड़ियों के लिए पानी
और डाल आते थे भोर होते ही उनके लिए दाना,
जिन्होंने प्रेम में खाई थी अनगिनत कसमें
और किए थे असंख्य वादे,
जो भटक गए थे अपना रास्ता
और खो गए थे कहीं भीड़ में?

आखिर कहाँ गए वे लोग
जिन्होंने कहा था कि वे एक दिन बदल देंगे
इस दुनिया को,
जिन्होंने कहा था कि वे तोड़ देंगे पहाड़ों को
और बना देंगे एक नया रास्ता,
जो बात-बात में कहा करते थे
कि नहीं मानते दुनिया के पुराने वसूल,
जो लिखा करते थे चिट्ठियाँ
और भेज दिया करते थे किसी अंजान पते पर?

कहाँ गए वे लोग?
मैं उन सभी लोगों की तलाश में हूँ।

हे ईश्वर

हे ईश्वर,
जब लिखना मेरे हिस्से में कुछ
तो थोड़ा सा दुःख जरूर लिखना
जिससे मैं जान सकूँ
सुखों का वास्तविक आनंद,
थोड़ा सी प्रतीक्षा भी लिखना
जिससे मैं समझ सकूँ
मिलन का वास्तविक अर्थ,
थोड़ी सी हार भी लिख ही देना
जो मुझे बता सके
जीत का महत्व,
और इसी के साथ लिख देना थोड़ी सी घृणा
जो मुझे सिखाएगी प्रेम।

सुख प्रासंगिक न हो पाए

मन की अवसादी कोमल चट्टानों से
फूट पड़ता है दुःख
और हम दौड़ पड़ते हैं उसके निदान की ओर
या फिर उन लोगों की ओर जो बाँट सकें उसको,

हम दौड़ लगाते हैं इस मुरझायी दुनिया में
जहाँ तनिक भी स्पर्शों से गिर पड़ती है
एक-एक पत्ती और बिखर जाती है यहाँ वहाँ,

उसी भुरभुरी दुनिया में हम चलते रहते हैं
मिलने जुलने वालों से हम
सारा दुःख कहते रहते हैं
मगर दुःखद तो यह है
वे भी दुःख ही लेकर आते हैं,
मगर कभी जब सुख आता है
तब हम छिपकर बैठे रहते हैं
उस सुख की सुंदर छाया में
और नहीं जाते इस मुरझायी दुनिया में बाहर
नहीं बताते मिलने जुलने वालों है,

फिर एक रोज सुख सो जाता है
दुःख की चादर तन जाती है
और हम दौड़ पड़ते हैं उसके निदान की ओर
या फिर उन लोगों की ओर जो बाँट सकें उसको;

दुःख आता है
हम चल पड़ते हैं
और भटकते रहते हैं
इस मुरझायी दुनिया में
इसी हमारे चलने से, चलते रहने से
दुःख प्रासंगिक बन जाता है और बना रह जाता है;

सुख प्रासंगिक न हो पाए।

जिंदगी एक कोलाज है

जिंदगी एक कोलाज है,
हमारी सबसे पसंदीदा फ़ोटो
लगी है सबसे ऊपर,
उसके ठीक बगल में एक श्याम-श्वेत फ़ोटो लगी है
जिसमें हम जबरदस्ती कोशिश कर रहे हैं
चेहरे पर एक झूठी मुस्कान लाने की,
उसी के नीचे लगी है वह फ़ोटो
जिसमें हम सो रहे हैं
और जी रहे हैं जीवन के सबसे सुखद क्षणों को,
हमारी सबसे पसंदीदा फ़ोटो के नीचे
हमने लगा रखी है
उस शख्स की फ़ोटो
जिसे चाहकर भी हम नहीं बना पाए
अपनी जिंदगी का हिस्सा,
उसी शख्स की फ़ोटो के नीचे
हमने लगा रही है एक सूखे हुए गुलाब की फ़ोटो
जिसकी पत्तियाँ लगभग गिर चुकी है,
उसी गुलाब के बगल में लगी है हमारी वह फ़ोटो
जिसे हम कई दफा फाड़ चुके हैं
उस फ़ोटो पर जगह-जगह बने हैं फाड़े जाने के निशान,
उस कोलाज में सबसे नीचे
हमारे साथ लगी है उन लोगों की फ़ोटो
जिसने नहीं रह गया अब हमारा कोई वास्ता,

उस कोलाज में एक फ़ोटो की जगह अभी बाकी है
जिसे जानबूझकर कर हमने खाली छोड़ दिया है
और प्रतीक्षा में उस आख़िरी फ़ोटो के
जो बदल सके हमारे पूरे कोलाज की परिभाषा।

भूत, वर्तमान और भविष्य

भूत, वर्तमान और भविष्य के युद्ध में
भूत छूट गया हमारे पीछे
और ढंक गया घने कोहरे में,
भविष्य आगे निकल गया
वह भी ढंक गया उसी घने कोहरे में,
हमारे साथ बस वर्तमान बचा
जो स्पष्ट है, और दिख रहा है,
जब हम
धीरे-धीरे आगे जाएँगे
तब
वर्तमान, भूत हो जाएगा
और भविष्य
वर्तमान
और उसी तरह चलता रहेगा
वर्तमान से वर्तमान में जाने का क्रम
और हम कभी नहीं देख पाएँगे भविष्य;
वास्तव में
आज का भविष्य
कल का वर्तमान है।

सच बदसूरत होता है

मैं कभी नहीं काटता
अपने लिखे हुए को
उन्हें वैसे ही छोड़ देता हूँ
फिर लिखता हूँ कुछ नया
और करता हूँ आकलन
कल से आज का।

मैं कभी नहीं जलाता
किसी भी पुराने ख़त को
उन्हें रखता हूँ सहेजकर
आश्चर्य!
एक समय बाद
बेतहाशा इजाफा होता है
उनकी खुशबू में।

मैं कभी नहीं तोड़ता
कोई भी फूल
उन्हें छोड़ देता हूँ
ख़ुद मुरझा जाने के लिए
जहाँ वे सूख कर गिरते हैं
ठीक वहीं नए पौधे जन्म लेते हैं।

मैं कभी नहीं पकड़ता
किसी चिड़िया को
उन्हें नहीं क़ैद करता पिजड़े में
उन्हें छोड़ देता हूँ उड़ने के लिए

और नापने के लिए
आकाश की अनंत उचाई को।

मैं कभी नहीं शुरु करता
झूठ बोलकर कोई भी रिश्ता
मैं सच बोलता हूँ
फिर देखता हूँ उनकी प्रतिक्रियाएँ
सच शायद बदसूरत होता है
सब वहाँ से चले जाते हैं।

प्रेम बचा रहे

मैं चाहता हूँ, प्रेम बचा रहे,
वह नहीं,
जो खा जाता है लोगों को
और कैद कर देता है
स्मृतियों के काल गृह में,
वह भी नहीं जिस पर पड़ जाती है
समय की धूल
और उग आती हैं
उपेक्षा की झाड़ियाँ,
वह भी नहीं जो छीन लेता
एक लड़की से
उसकी हँसती खेलती जिंदगी,
और वह प्रेम भी नहीं
जो उधेड़ देता है
परम्पराओं के बारीक बुने धागों को,

बल्कि वह प्रेम
जो मनुष्य को मनुष्य बनाता है,
वह प्रेम जो हमें
आधी रात गए उठा देता है
और हम अनायास ही
घर का दरवाजा खोलकर
बाहर झांक आते हैं,

वह प्रेम
जो सामने वाले के भूखे रहने पर

नहीं उतरने देना
हमारे गले में एक भी निवाला
और वह प्रेम
जो हमें मुस्कुराने के लिए कह देता है
जब भी हम देखते हैं
राह में किसी भी अपरिचित को
और वही प्रेम
जिसके चलते हमारी यादों में
जीवित रहते हैं तमाम खोए हुए लोग;

सच कहूँ तो
मैं सिर्फ इतना चाहता हूँ कि
आदमी के अंदर बची रहे
आदमी बने रहने की एक गुंजाइश।

घृणा करते हुए मैंने जाना

उस रात मैं नहीं सो पाया
जिसकी शाम, मैंने डांट दिया था
शहर की भीड़ भाड़ वाली गली में
गुब्बारे बेचते हुए
उस साथ आठ साल के बच्चे को,
उस सुबह मैं उदास उठा
जिस रात,
मैंने जानबूझकर नहीं खोला था
एक अपरिचित आवाज पर
अपने घर का दरवाजा,
उस दिन मैं नहीं हँसा
जिस दिन मैंने नहीं डाला
चिड़िया के लिए दाना,
और उस शाम मैं खूब रोया
जिसके दिनभर,
मैंने गले नहीं लगाया था
एक उदास आदमी को,

यह छुपाने की बात नहीं कि
लोगों से घृणा करते हुए मैंने जाना
प्रेम करना कितना आसान है।

'अज्ञेय' ने कहा था

मैं बूढ़ा नहीं हो सकता,
क्योंकि मैं देखता हूँ,
जीता हूँ और स्वीकार करता हूँ
फूलों पर पड़ी
बारिश की बूँदों को
उनके झड़ जाने तक,
कागज की नाव को
पानी में गल जाने तक,
तितलियों को फूलों पर से
उड़ जाने तक,
फूलों के खिलने से लेकर
सूखकर गिर जाने तक,
नन्हें बच्चे को
खिलौने से ऊब जाने तक,
एक उदास आदमी को
उदासी से मुस्कुराने तक,
नदियों को पहाड़ों से लेकर
सागर में मिल जाने तक
और मैं देखता हूँ
प्रेम के जीवन में आने से
चले जाने तक...

मैं बूढ़ा नहीं हो सकता
क्योंकि अज्ञेय ने कहा था-
"जो क्षण में जीता है
क्षण को स्वीकार कर लेता है
वह बूढ़ा होता ही नहीं।"

असफल प्रेम

मैं कभी नहीं चाहता था
कि मैं लिखूँ प्रेम कविताएँ,
मैं बस चाहता था
कि मैं प्रेम करूँ,

मेरी लाख कोशिशों के बाद भी
मैं असफल रहा,
हर बार असफल होते हुए मैंने जाना
असफल होना ही प्रेम है
और वही असफलता सिखाती है
प्रेम कविताएँ लिखना।

आदमी होने की परिभाषा

दलान में बैठे हुए बाबा
पूछ लिया करते थे
हर आने जाने वालों से उनका हाल,
बाबूजी एक उदास आदमी से
पूछ लेते हैं उसकी उदासी का कारण,
मैं नहीं पूछता हूँ
एक रोते हुए आदमी से
उसके दुःख की वजह,

हमारी इन तीन पीढ़ियों में बदल चुकी है
आदमी होने की परिभाषा।

मेरा सामाजिक दायरा

मेरा सामाजिक दायरा बहुत छोटा है
उसमें शामिल है
एक छोटा सा पहाड़,
एक छोटी सी नदी,
एक अधखिला फूल,
एक नन्ही सी चिड़िया,
एक हरा भरा गाँव,
अधपके सपने
और कच्ची उम्र की
कुछ पक्की यादें...

मेरे सामाजिक दायरे में नहीं आता
कोई बड़े कद वाला आदमी
जिसे मैं कह सकूँ 'उस्ताद'।

प्रेम का मनोविज्ञान

प्रेम का मनोविज्ञान
न चाहते हुए भी एक दिन
टकरा जाएगा समाजशास्त्र से;

समाजशास्त्र लालायित बैठा है
मनोविज्ञान के राजनीतिकरण हेतु,
इन्हीं उहापोहों में
सीधा साधा मनोविज्ञान
बदल जाएगा एक दुःखद इतिहास में
और हरदम की भांति
भारी पड़ जायेगा समाजशास्त्र का गणित।

सबसे सुखद खोज

प्रेम जब भी आता है
तब अपने साथ जरूर लाता है पीड़ा,

पीड़ा...
जात पात से बंधे समाजशास्त्र की,
सीमाओं से बंधे राजनीतिशास्त्र की,
और विरह के मनोविज्ञान की,

प्रेम में निहित अनंत पीड़ाओं के बाद भी
मैं आँख बंद करके कह सकता हूँ कि,
"प्रेम मानव सभ्यता की
सबसे सुखद खोज है।"

मानव सभ्यता के सबसे अभागे क्षण

जब हम प्रेम की नदी के ऊपर
बना रहे थे युद्ध का पुल,

जब हम दो प्रेम करने वालों को
पढ़ा रहे थे जात पात और
सीमाओं का पाठ,

और जब हम देख रहे थे
विरह में आत्महत्या करते
प्रेमियों को
तब हम
साक्षी बन रहे थे
मानव सभ्यता के
सबसे अभागे क्षणों के।

क्या होता है बड़ा होना

मैं कभी किसी बड़े आदमी से नहीं मिला
मुझे नहीं पता
क्या होता है बड़ा होना,

मैंने सदैव
नदी, पहाड़, पेड़
सागर, बादल और चिड़िया से ही
बातें की हैं,
मैं इनसे ही मिल पाता हूँ,
यही मुझे जानते भी हैं,
यही समझते भी हैं और पढ़ते भी।

अगर मैं कविताएँ न लिखता

अगर मैं कविताएँ न लिखता
तो जरूर कोई कविता
मुझे लिख रही होती,
या मैं किसी कविता की
कोई पंक्ति या कोई शब्द जरूर होता,

अगर मैं कविताएँ न लिखता
तो जरूर
नदी में कंकड़ फेंक रहा होता
और देखता उस वृत्ताकार आकृति को
जो कंकड़ फेंकने से बन जाती है जल में,

और अगर मैं कविताएँ न लिख रहा होता
जो जरूर कविताएँ गढ़ रहा होता
उन्हें बना रहा होता।

एक बार फिर से

काश!
हम जी पाते
अपनी जिंदगी एक बार फिर से,
एक बार फिर से
वापस जा पाते बचपन में
और जिद कर पाते
अपनी सबसे पसंदीदा चीज के लिए,
एक बार फिर से
सो पाते माँ की गोदी में,
फिर से चढ़ पाते
बाबूजी के कंधे पर,
फिर से सुन पाते
दादी नानी की कहानियाँ,
फिर से चल पाते, गिर पाते,
उठ पाते, जीत पाते
और फिर से कर पाते प्रेम
उसी शख्स से
जिससे करना चाहते थे ताउम्र।

सबसे खूबसूरत शब्द

दुनिया की सभी भाषाओं ने
बना रखी है
अपनी-अपनी शब्दावली
सभी भाषाओं ने खोज रखे हैं
कुछ बेहद तर्कसंगत शब्द
जो कर सके उस भाषा का प्रतिनिधित्व,

'माँ'
दुनिया की सभी भाषाओं का
सबसे खूबसूरत शब्द है।

अपनी तलाश में

मैं अभी भी
पैदल निकल जाता हूँ
अपनी तलाश में,

भटकता हूँ मीलो मील
खाता हूँ दर-दर की ठोकरें,
सुनता हूँ अनगिनत आवाजें
अथाह शोर और चीखें,
फिर थककर लौट आता हूँ घर को;

दुःखद...
मेरा एक हिस्सा फिर कहीं खो जाता है।

कविता भूख हो सकती है

कविता
भूख हो सकती है
मगर रोटी नहीं,
बिस्तर हो सकती है
मगर नींद नहीं,
व्याकुलता हो सकती है
मगर चैन नहीं,
कलम हो सकती है,
मगर स्याही नहीं,

यह सब लिखते हुए मुझे ध्यान आया कि
रोटी, नींद, चैन और स्याही के लिए
भूख, विस्तर, व्याकुलता और कलम
कितना आवश्यक है?
पता नहीं
लेकिन कम से उतना आवश्यक तो है
जितना जीने के लिए
हवा और पानी।

प्रेम का होना

प्रेम को नहीं ज्ञात है
कि सीमाएँ क्या हैं?
उसे यह भी नहीं पता
कि वह किन-किन चीजों के मध्य
हो रहा है स्थापित,
प्रेम का होना ही
दर्शाता है उसकी पूर्णता,

प्रेम में सबसे पहले तय की जाती हैं सीमाएँ
फिर यह देखा जाता है कि
वह किन-किन चीजों के मध्य
हुआ है स्थापित,
प्रेम में होना
कभी नहीं दर्शाता उसकी पूर्णता को,

असल में
प्रेम का होना
प्रेम में होने से
ज्यादा सुखदायक है।

दु:खों की हार

भीषण ठंड में, पतंगों के पीछे
फटे हुए कपड़े
और नंगे पैर
भागते हुए बच्चों को देखकर
मैंने जाना
दुःखों को दुःख ना मानना
दुःखों की सबसे बड़ी हार है।

समय का स्वांग

सबने कहा 'समय नियत है'
वह कभी नहीं रुकता,
मैंने मान लिया,

किंतु एक रोज
प्रतीक्षा करते हुए मैंने अनुभव किया
'समय रुक जाता है'
वह बस चलते रहने का स्वांग करता है
और यदि ऐसा नहीं है
तो उसे तय समय पर आना चाहिए था
मैं जिसकी प्रतीक्षा में था।

दर्द से छटपटाते हुए

दर्द से छटपटाते हुए
दर्द के कारणों का स्मरण नहीं हो पाता
बल्कि मस्तिष्क में आती हैं
वे असंख्य बातें
जिनका कोई अस्तित्व नहीं है
जैसे
खोई हुई कलम,
बिछड़े हुए लोग,
छूटा हुआ शहर,
भूला हुआ पता
और न जाने क्या-क्या,

वास्तव में,
दर्द के वास्तविक कारणों से ज्यादा दुःखदाई
यही अस्तित्वहीन बातें हैं।

छोटी-छोटी उम्मीदों पर

एक दिन अचानक से
मिल जाएँगे कुछ पुराने लोग
रास्ते के किसी मोड़ पर,
फिर करेंगे बीती हुई
सब पुरानी बातें,
एक बार फिर से जी पाएँगे
अधूरे रह गए प्रेम को,

एक बार फिर से मैं गले मिलूँगा
उस शख़्स से
जिसका माथा मैं नहीं चूम पाया था
और हिम्मत करके चूम लूँगा इस बार,

उम्मीदें कितनी बड़ी होती हैं
पूरी जिंदगी निकल जाती है
इन्हीं छोटी-छोटी
कभी न पूरी होने वाली उम्मीदों पर।

दुनिया बदलने से पहले

दुनिया बदलने से पहले
हमें कितना कुछ और बदलना था
जैसे
एक्वेरियम का पानी,
चिड़ियों का दाना,
घर के पुराने पर्दे,
दाग लगे हुए कपड़े,
घिस चुके जूते,
टूटे हुए चश्मे,
जल चुकी मोमबत्ती,
भर चुकी डायरी,
और न जाने क्या-क्या...

दुःखद है कि
हम बिना घर को सहेजे
निकल पड़े हैं
दुनिया बदलने।

देश तरक्की पर तो है ना?

खबर है कि एक गाँव जल गया
भूख ने दो-चार निवाले
और तोड़े हैं,
एक किसान फिर झूल गया,
कुछ गरीब कुचले गए हैं,
शहर की सबसे सुनसान गली में
एक दुधमुंही बच्ची रोती मिली है,
बेरोजगारी ने आसमान छुआ है,
बाढ़ ने कई जिंदगियाँ तबाह की हैं,
तूफानों ने कुछ घर ढहा दिए हैं,
मुँह पर कालिख पोतकर
एक प्रेमी जोड़े को गधे पर बिठाया गया,
प्रशासन का एक आला अधिकारी निलंबित हुआ,
ट्रेन से कटकर एक 18 साल की लड़की मरी है,

बस इतनी ही तो खबर है,
कहाँ ज्यादा है?
देश तरक्की पर तो है ना?

तुम्हारा चले जाना

तुम्हारा चले जाना
ठीक वैसा था जैसे
मछली के जीवन से
जल का चले जाना,
फूलों से खुशबू का चले जाना,
चिरागों से रोशनी का चले जाना,
हवा से शीतलता का चले जाना,
और जैसे
सागरों से चला जाना
उसका खारापन।

प्रेम का बीज

एक आखिरी बार अगर तुम मिले
तो मैं हिम्मत करके
तुम्हें वह सब कुछ बताऊँगा
जो मैं तुम्हें उस रात नहीं बता सका था
जब हम बिछड़ रहे थे,

मैं बताऊँगा कि
मैं नहीं कह पाया उस रात कि
"तुम मत जाओ",
नहीं कह पाया कि
"तुम्हारी इस उपस्थिति में
मैं स्वयं को तलाश पाता हूँ",
नहीं बता पाया कि
"तुम्हारा पास होना
किसी मरे हुए आदमी को
फिर से जीवन मिल जाना है",
नहीं कह सका कि,
"तुम्हारा स्पर्श
नदियों के स्पर्श जैसा शांत और शीतल है",
नहीं कह सका कि,
"तुम्हारा चले जाना
मुझे अधूरा कर देगा",
नहीं पकड़ सका तुम्हारा हाथ
एक आखिरी बार और नहीं बता सका
कि मेरे हृदय में पड़ चुका है
तुम्हारे प्रेम का बीज।

ईमानदार आदमी

ईमानदार आदमी
हूबहू दिखता है
बेईमान आदमी जैसे ही
पर वह
रिश्वत नहीं लेता,
हिम्मत रखता है
ग़लत को ग़लत कहने की,
रात में सोता है चैन की नींद
और सुबह उठता है
एक मुस्कुराहट के साथ,
जबकि
बेईमान आदमी रिश्वत लेता है
वह नहीं बोल सकता
ग़लत हो रही चीजों पर,
वह नहीं सो सकता चैन की नींद
और नहीं उठ सकता
एक मुस्कान के साथ
क्योंकि वह बेईमान है।

ख़रीदी हुई ख़ुशियाँ

ख़रीदी हुई खुशियाँ
नहीं देती आत्मिक सुख,
ख़रीदी हुई खुशियाँ
होती हैं ग़ुब्बारे जैसी,
एकाएक ज़्यादा हवा भर देने से
डर होता है उनके फट जाने का,
कम हवा भरने पर
नहीं उठा सकते लुफ़्त
और सीमित मात्रा में हवा भरने से भी
बस कुछ देर के लिए ही
हुआ जा सकता है ख़ुश,
जैसे हर वक़्त डर होता है
गुब्बारे के फटने के
वैसे ही ख़रीदी हुई खुशियों पर
हर वक़्त मंडराता रहता है
उनके छिन जाने का डर।

कविताओं में प्रेम

सब कितना-कितना प्रेम करते हैं
कहानी किस्से
और कविताओं में

लेकिन वास्तव में किया गया प्रेम
कविताओं में किए गए प्रेम से
बहुत कम।

प्रेम को पकने दो

फूटने लगती हैं
जब धान में बालियाँ
तब उनमें धान नहीं होता
उनमें दूध भरा होता है,
जो धीरे-धीरे पकता है
कभी धूप से कभी समय से,
वह दूध बड़ा सुखदायी होता है
उसमें असंख्य आशाएँ होती हैं
उनमें हल होता है
कितनी कितनी भूखों का,
वे तपकर पकते हैं,

अच्छा!
क्या तुम्हें पता है
प्रेम वही दूध है
तो तपने दो ना
और उसे पकने दो ना।

बूढ़ी औरत

शहर के बीचो-बीच
एक भीड़ भरी सड़क पर
झुकती है
एक पैंसठ साल की बूढ़ी औरत
पीठ पर मटमैला थैला लेकर
और उठा लेती है
सड़क के किनारे पड़ा कूड़ा
और बीच में पड़ी
पानी की बोतल,
भर लेती है उसी मटमैले थैले में
और छोड़ देती है
एक संतुष्ट मुस्कान,
संसार की
सबसे खूबसूरत कविता
वहीं जन्म ले लेती है।

अच्छा अब मैं चलता हूँ

'जाना' कितना भयावह
और कष्टकारी है,
कितना कुछ छूट जाता है पीछे,
कोई जरूरी सामान,
पानी की बोतल,
कोई कपड़ा
और अगर याद से सब कुछ ले लिया
तो पीछे छूट जाती हैं यादें
और उन यादों में रह जाती है
एक जानी पहचानी खुशबू;

अच्छा अब मैं चलता हूँ...

www.ingramcontent.com/pod-product-compliance
Lightning Source LLC
Chambersburg PA
CBHW050022170726
48282CB00025B/510
* 9 7 8 9 3 9 0 5 3 9 8 4 0 *